Vorwort

Dieser poetische Spaziergang wird Sie entlang eines Teiles meinen beschrittenen Weges führen. Seit über 10 Jahren lege ich meinen Blick auf meine Umgebung und lasse mich davon inspirieren um diese Zeilen niederzulegen: manchmal Gedanken, Gefühle, Überlegungen,... Mit der Chronologie eines Tagebuches, werden Sie entdecken was die Seele einer Teenagerin beschäftigt hat, die zur Frau wurde, alles entdeckend, die Liebe, die Freundschaft, das Leben und manchmal den Tod, die Schwierigkeiten des Erwachsenseins und der menschlichen Verhältnisse generell.

Beim Lesen dieser Zeilen, werden Sie Spuren meiner Gedanken entdecken, keine Realität die interpretiert werden soll. Mehr als eine Erzählung handelt es sich um eine Träumerei.

An diejenigen die eines Tages meinen Weg getroffen und mein Gedächtnis geprägt haben...
Und an diejenigen die von nah oder fern sich von diesen Zeilen berührt fühlen werden...

Dichtend Eure

Danke an meinen Mann der mich nun, 6 Jahre später, unterstützte diese Zeilen aus meiner französischen Originalversion zu übersetzen.

Spuren

Am Anfang endeten meine Zeilen immer im Papierkorb,
allein wenige Gedichte überlebten.

Ich

Im Vergleich zur Erde,
Bin ich ein Sandkorn in der Wüste,
Ein Tropfen Wasser im Ozean,
Ein Stern im Universum.
In meinen Augen,
Reimt Menschheit mit Paradies und Hölle gleichzeitig.
Ich sehe mich in keinem von beiden,
Dennoch,
Bin ich lieber mit teuflischen Engeln,
Als mit engelhaften Teufeln.
Es sind diejenigen, die Eigenschaften haben wie
Unehrlichkeit, Verlogenheit und Egoismus,
Die mir die Hoffnung der Perfektion nehmen,
Und diejenigen, die zur Entgegengesetzten Sorte
gehören,
Die mir einen Hauch von Hoffnung auf Harmonie
wiedergeben.
Mich wirklich zu beschreiben wäre ein Problem,
Denn es ist schwierig sich selbst zu kennen,
Und ich bin nicht immer mein eigener Herr,
Ich würde sagen: ich bin ich selbst.

Eines Tages, hat mir ein Aufruf in der Schule den Mut gegeben meine Zeilen in Form zu bringen und sie in einem kleinen Heft festzuhalten. So hat diese Geschichte angefangen...

Die Sache

Was ich dir nicht mit Rosen zeigen vermag,
Nicht mal, selbst wenn der Willen stark ist, dir in Prose sagen mag,
Werde ich versuchen zu schreiben mit Versen
Die wie die Wellen des Meeres fließen werden.
Dank dir, habe ich eine Verwandlung erlebt,
Also möchte ich dir erzählen von einer wichtigen Sache die in mir lebt,
Die man nicht anfassen kann so sehr sie flieht,
Und nicht mit den Augen sehen,
Aber durch die man die Sonne untergehen sieht,
Alle beide, immer noch, wenn wir alt ins Alter wehen.
Diese Sache wiegt auf dem Herzen manchmal schwer,
Ich glaube man nennt sie Liebesmeer.
Ich fühle sie für dich,
Wenn du entfernt von mir bist,
Und noch stärker wenn du mir nahe bist,
Dieses Gefühl in mir niemals wich.

Freundschaft

Zuhören,
Verständnis,
Immer füreinander da sein,
Bereit zu helfen, in jedem Augenblick,

Das ist wahre Freundschaft,
Sei sie traurig oder sei sie fröhlich.

Flucht

Manchmal, möchte man weit entfernt sein,
Fliehen von dieser kleinen Ecke
Der Welt wo man sich nicht wohl fühlt,
Reisen irgendwo in den Klippen
Oder auf einer einsamen Insel am anderen Ende der
Welt,
An einem Ort, an dem alles gefallen kann,
Die Personen mitnehmen die einem wichtig sind,
Und sich endlich wirklich gut fühlen.

Mein Lieber

Mein Lieber du fehlst mir so sehr,
Der Gedanke an dich umschlingt mein flammendes Herz.
Wann werde ich dich wiedersehen?
Ich wüsste es gern.
Mein Herz, mein Himmel,
Sanft wie der Honig,
Wenn ich an dich denke ist mein Körper in Flamme,
Dieser Körper, der einer zukünftigen Frau,
Diejenige die dir « ich liebe dich » sagen wird
Liegend in deinen Armen.

Die Liebe

Zwischen Hölle und Himmel,
Zwischen Feuer und Honig,
Für immer und ewig,
Ist nur die wahre Liebe.

Hoffnung

Mein Himmel, mein Sanfter, mein Apollon,
Die Zeit ohne dich ist so lang.
Wann werde ich mich wieder in deinen Armen
befinden?
Und unzertrennlich von mir wirst du sein.
Manchmal schwächt meine Hoffnung,
Aber als du mir sagtest,
Dass es keine Grenzen zu deiner Leidenschaft gibt,
War die Hoffnung wieder zurück,
Wieder da,
Und verlässt mich nicht mehr.

Liebe auf den ersten Blick

Immer noch quält mich dein Lächeln,
Und der Ruf deiner Arme sucht mich,
Seit diesem einen Abend
Als ich dich traf,
Möchte ich dich wiedersehen
und dich nicht mehr loslassen.
Und als du mich berührt hast,
Hat es mir Gutes getan,

Ein sanfter Schauer ist durch mich gefahren,
Glaub mir, an diesem Abend habe ich dich gewollt.

Mama

Ich war damals in deinem Bauch,
Im Warmen und in Sicherheit.
Als ich endlich auf der Welt war,
Schenktest du mir weiterhin die Sicherheit,
Außerdem dein Ohr und ein Teil deines Herzens.
Es ist an mir dir diese Liebe zu geben,
Und dir Danke zu sagen.

Vergeben

Jeder von uns macht Fehler,
Das Wichtige ist es zuzugeben.
Um Verzeihung zu bitten,
Ist zuerst alles gut machen
oder es nicht schlimmer zu machen,
Und sich selber zu vergeben.

Der Gesang der Möglichen

Der Gesang der Möglichen
um nicht mehr passiv zu sein,
um endlich aktiv zu sein,
und Nichts dem Unmöglichen zu überlassen.
Meine Gedanken entdecken,
von meinem tiefen Inneren,
schlaue Gedanken,

oder die Probleme der Welt.
Aber auch alles was mein Herz einschließt,
meine Hoffnungen und Ängste.

Ewiger Kreis

Die Schönheit der untergehenden Sonne
vor der Freude des auferstehenden Tages.

Bellum

Bellum, dieses schreckliche Wort,
Ich hätte gemocht dieses Wort gäbe es nicht.
So viele Leute sterben jeden Tag davon,
in der ganzen Welt.
Es ist nicht eine Bellum,
sondern viele Bella,
die zu viel sind,
Damit der Pazifismus herrscht.

Verbindung

Ich fliege weg in meine Gedanken,
Aber ich bin hier in der Realität.
Die Grenzen zwischen Traum und wahrem Leben,
zwischen Vergangenheit, Präsenz, Zukunft,
Sind manchmal durchsichtig.
Wenn sie fest sind,
bleibt der Faden,
Diese Verbindung zwischen Allem und Allen,
Welche gegen Schocks und Beben hält,

Es ist dann alles möglich, selbst wenn nicht einfach.

Der Verlust der Hoffnung ist nur ein Anfang

Hoffnung verloren,
Ich habe lange daran geglaubt.
Ich dachte ich würde dich früher oder später
wiedersehen,
Aber jetzt ist es mir genug.
Die Gefühle für dich sind noch da,
Aber das Warten wird meinem Herzen zu viel.
Heute ist es zu Ende,
Aber das Leben geht weiter.
Es ist Zeit eine Seite umzublättern,
Nicht mehr denken dass es schade ist.
Zeit zu anderem zu übergehen, aufhören zu weinen,
Vielleicht wieder lernen zu lieben.

Begegnung mit einem Adler

Ein Engel hat einen weißen Adler getroffen,
Gefühl sich seit Langem zu kennen.
Wir haben uns entdeckt,
Dein Herz hast du mir geöffnet,
und ich dir meins,
verschwiegen habe ich dir nichts.
Mit dir zu reden tut mir sehr gut,
Ich habe zwischen uns eine Bindung entdeckt.
Diese Bindung ist noch undefinierbar,
Nur die Zukunft wird sie uns erklären,
Wenn wir zusammen laufen werden,

Auf dem Strand, auf dem Sand.

Ich komme

Ein Feld voller Blumen,
Um deinen Tränen ein Ende zu setzen,
Ein sonniger Strand,
Damit dein Leben glücklicher wird.
Das ist was ich dir schenken möchte,
Ich möchte dich nicht mehr leiden sehen,
Du bittest mich zu dir in deinen Traum zu kommen,
Hier bin ich.

Auf Wiedersehen

Ich liebe dich immer noch,
Ich weiß nicht ob du mich auch liebst,
oder weniger,
oder gar nicht mehr.
Es gibt zumindest eine Sache die ich weiß,
Ich kann es dir nicht übel nehmen,
Die Distanz hat ihre Aufgabe erfüllt,
Wir sind so weit voneinander,
So sehr durch die Kilometer,
Aber nicht nur.
Bis bald, ich möchte dich lassen,
Ich bin nicht sicher es zu schaffen.

Leben

Erinnerungen an ein Leben ohne Vater.
Glücklich mit meiner Mutter.
Erinnerungen an ein Leben in dem
man sich wohlfühlt mit dem was man hat.
Auch, Erinnerungen an Leiden.
Aber auch, Erinnerungen an die Entdeckung Frankreichs.
Erinnerungen manchmal nicht zu wissen was tuen,
Aber eines Tages werdet ihr stolz sein.

Gemischte Gefühle

Sonne oder Regen,
Manchmal dominiert das eine,
Mal das andere,
Mal beides.
Manchmal ist es warm,
Manchmal ist es kalt.
Das Dominierende in diesen Fällen,
Ist das mit dem du dein Herz füllst,
Es wird die Freude,
Die Tränen,
Die Traurigkeit,
Der Hass,
Oder das Glück,
unser Herz füllend.

Schauspielertraum

« Ich werde eines Tages Schauspielerin »,
Mein Herz sagt es oft mit Liebe,
Liebe dieses Berufes,
Liebe der Intensität,
Liebe dessen was rührt,
und,
Liebe des Spiels.
Es ist vielleicht nur der Traum eines kleinen Mädchens,
Doch die Hoffnung und die Lust verlassen mich nicht.

Unsere Freundschaft

Ich hoffe unsere Freundschaft wird lange dauern,
und warum nicht immer,
In meinem Herz wird unsere Bindung wichtig bleiben,
nicht weniger als die Liebe.
Ich sehe in dir die Freundschaft glaub mir,
Und ich hoffe dich lange in meinem Weg zu haben.

Marc

Mein Schatz,
Liebe,
Sonnenstrahl,
Große Freude und tiefe Glückseligkeit,
das alles repräsentierst du für mich,
das alles und noch vieles mehr,
der Mann den ich will, der Mann den ich liebe,
vielleicht sogar der Vater meiner Kinder.

Blumen

Gefärbt, hübsch, sind die Blumen,
einige ähneln sich wie Schwestern,
durch die Farben,
in alle Richtungen,
oder durch die Form,
alle machen unser Herz glücklich.
Jede ist spezial,
ich kenne keine banale,
jede trägt eine andere Bedeutung,
sei es um ein Gefühl zu zeigen,
oder Glückwünsche zu sagen,
sie gehören zu unserem Leben in jedem Moment.

Angst

Das Land welches ich so liebe
leidet heute unter schlimmen Problemen,
Gewalttaten alle Nächte,
die Leute fliehen aus der Straße,
Feuer von Unzufriedenheit,
könnte man es nicht anders machen?
Es macht mir Angst,
Aber meine Liebe zu diesem Land, in mir, stirbt nicht.

Schöne Komplizität

Wir haben uns an einem schönen Oktobertag getroffen,
man muss sagen das die Umgebung nicht langweilig war,

doch bei all den Begegnungen und dem was wir
entdeckt haben,
haben sich unsere Blicke gekreuzt und es war sofort klar,
dass wir uns kennen lernen mussten,
Und das war die Geburt unserer Geschichte.
Zuerst eine Freundschaft,
und dann noch etwas mehr,
vielleicht eine Verbindung zwischen zwei Hälften,
jedenfalls eine starke Komplizität.

Wiedersehen

Wir haben uns wiedergesehen nach all dieser Zeit,
ich habe mit euch einen sehr schönen Moment
verbracht.
Viele Erinnerungen sind wiedergekommen,
es hat mich wirklich gerührt.
Ich hoffe wir werden uns nicht aus dem Auge verlieren,
jetzt wo wir uns wiedergesehen haben,
denn ich hab euch lieb, glaub ich,
wir waren doch eine gute Mannschaft alle drei.

Schmerz

Dieser Schmerz tief in mir,
wenn mein Herz nicht in Freude ist,
tut mir so sehr weh,
immerzu wechseln Seele und Herz den Ball.
Was will ich in meinem Innersten?
Ich frag es mich so oft.
Wo wird diese Suche ankommen?
Wird mir eine Idee kommen?

Vielleicht, so wie der Schein eines Autos,
wird mich ein Licht erhellen und mich sicher machen,
sicher über die Entscheidungen zu nehmen,
sicher über die Wege zu gehen.

Himmel vor der Nacht

Wie ein Regenbogen voller Farben,
ist heute um meine Schmerzen zu lindern,
der zauberhafte Himmel des Abends,
bereit mich zu rühren.
Blau, grün, gelb, orange, rot,
unendlich viele Farben,
die nie anhalten sondern sich immer bewegen.
Jetzt hat der Himmel schon gewechselt,
die Farben verschwinden im Dunkeln,
bald erscheinen die Sterne aufgereiht,
Und viele neue Tage werden folgen.

Weihnachten

Diese Zeit vor Weihnachten,
ist diejenige die ich am schönsten finde.
Im Haus die guten Gerüche,
die Vorbereitung der Plätzchen.
Denken an das was man schenken will,
um die Herzen fröhlich zu stimmen.
Noch schöner wenn die Flocken fallen,
die schönen weißen Flocken in Sternform.
Diese Zeit in der man wieder in die Kindheit verfällt,
in der man schöne Romanzen erleben kann,
diese Zeit vor Weihnachten,

in der Fröhlichkeit und Zauber sich mischen,
ich mag sie.

Eva

Ich hab dich lieb mein Schätzchen,
selbst wenn du es manchmal nicht siehst,
selbst wenn mein Herz in alle Richtungen geht,
hör ich nicht auf dich lieb zu haben.

Italia

Welch ein wunderschönes Land!
Welch leckere gelati!
Sei es das antike Rom,
oder das romantische Venedig,
oder die schöne Insel Capri,
Welch schönes Italien!
Das Grün, die Landschaften,
das Weiß, der Schaum auf den Wellen,
das Rot auf den gewürzten Pasta.
Welch ein galantes Land,
welches ich entdeckt hab während meiner Reisen.

Meine zwei Länder

Deutschland, Land meiner Wurzeln,
Region meiner Herkunft.
Die drei ersten Jahre meines Lebens
und fünf andere später,
habe ich dort verbracht,

und selbst wenn ich diesen Ort mag ist mein Herz
geflohen.

Dann kam Frankreich, Land meines Herzens,
hier lebe ich heute.
Ich habe neue Landschaften entdeckt,
eine andere Bevölkerung in allen Altersgruppen.

Ich gehöre nicht einem dieser Länder,
und auch nicht beiden denn ich gehöre mir selber,
doch wenn ich aussuchen müsste,
würde ich sagen dass ich beide liebe.

Verstört

Manchmal habe ich das Gefühl, dass ich dir egal bin,
und dann bringst du mich wieder zum Hoffen.
Ich würde gerne mich an dich binden,
aber ich ginge vielleicht eine große Gefahr ein.
Wenn ich mich an deinen tiefen Blick erinnere,
denke ich, dass die schönen Dinge die du sagtest
keine Lügen waren;
und ich möchte an diese geschriebenen Wörter glauben.
Doch wenn während Wochen,
du kein Lebenszeichen gibst,
habe ich Angst es sei zu Ende,
und es bleibt in mir der Hass für die Männer.

Verloren

Als ich dich verloren habe,
habe ich nichts mehr gewollt.

Hoffnungen sind weggeflogen,
werde ich wieder träumen können?
Werde ich wieder mein Herz schenken können?
Im Moment weint dieses.
Ich kann nicht tiefer fallen,
meine Seele hat Hoffnung verloren,
meine Freunde fangen mich in ihren Armen auf,
ich muss die Kraft finden um ihnen zu danken.

Niemals

Nie werde ich dich vergessen,
nie werde ich jemanden auf die gleiche Weise lieben,
nie wird mein Herz aufhören an dich zu denken,
du wirst immer meine erste Liebe bleiben.
Heute ist es zu Ende,
Nie werden mich die Erinnerungen verlassen,
du wirst immer in meinem Herz bleiben,
du wirst immer zu meinem Leben gehören.
Es wird nie wirklich zu Ende sein.

Wieder aufstehen

Danke.
Danke an meine Leidenschaft.
Danke an das Theater was mir verhalf aufzustehen.

Danke.
Danke an meine Seele und meine Hoffnungen.
Danke an euch die mich zwingt wieder aufzustehen.

Danke.

Danke an meine Freunde.
Danke, ohne euch weiß ich nicht ob ich hätte aufstehen
können.

Micka

Mein kleiner Süßer,
Ich schulde dir so viel.
Derjenige dem ich so weh getan habe,
Du warst da als ich dich brauchte.
Ich war den Tränen nahe,
Und du hast mir durch deine Freundschaft geholfen,
Ich danke dir aus den Tiefen meines Herzens,
Denn ich denke ich bin gerettet.

Meine Schwester Marielle

Wer hätte gedacht,
Dass zwei so verschiedene Mädchen,
Eines Tages so eng verbunden sein würden,
So sehr, dass sie Schwestern werden würden.
Ich, deine kleine Schwester die du nicht bekommen hast,
Du, meine große Schwester auf die ich gewartet habe,
Wir haben uns nach und nach entdeckt,
Wir sind uns immer näher gekommen,
Heute sind wir Schwestern,
Über unsere Herzen verbunden.

Annen

Eine meine Freundin,
Die Andere meine kleine Schwester,
Eine ähnelt mir,
Die Zweite möchte ich schützen.
Ihr seid Beide weit entfernt,
Und doch so nah,
Meine Freundin ich schreibe dir nicht oft genug,
Meine Schwester, ich habe die Grenzen nicht überquert,
Die Grenzen die unsere Leben auseinanderhalten,
Beide bleibt in meinen Gedanken.

Jessica

Dein Vorname Jessica,
reimt für mich mit Freude.
Lebensfreude die du uns alle Tage gibst,
gute Laune die du verstreust,
nah bei dir und rundherum,
dein Lächeln mit uns du teilst.
Und unter einer unberührbaren Schale,
versteckt sich eine sensible Seele,
aber man sieht immer deine liebenswürdige Person,
mit dir immerzu,
vergisst man selbst die schrecklichsten Sachen,
mindestens für einen kurzen Moment.

Fehlen

Es ist einen Monat her,
ein Monat dass es zu Ende ist,
dass du nicht mehr mit mir bist,
das es diese Leere gibt.

Ich habe mich aufgerafft,
und das Leben geht weiter,
aber ein Teil meiner Seele ist gefangen,
und in mir bleibt eine große Leere.

Diese Leere tut mir weh,
diese Leere verspeist mich,
du fehlst mir so sehr,
und ja, ich liebe dich noch.

Die Angst oder die Hoffnung

Angst vor dem was kommen wird,
Hoffnung für das was kommen wird.
Angst vor morgen,
Hoffnung auf die weite Zukunft.

Lust groß zu werden,
Angst so zu sein wie die Großen.
Hoffnung auf Glück,
Angst vor Traurigkeit.

Ambition mein Leben zu schaffen,
Angst vor dem was es uns reserviert.
Hoffnung oder Angst vor dem Leben,

man weiss nicht was es uns reserviert.

Grün

Manchmal mit Farben.
Auf diesem dunklen Grün,
Spuren von weiß und grau.
Man findet darauf Wörter.
Bilder.
Schemen.
Das alles in blassen Farben.
Aber das schwärzliche Grün dominiert.
Worum handelt es sich?
Um dieses kleine Rechteck,
welches man von der Schule kennt.

Leere

Immernoch.
Nicht gegangen.
Wie kann ich sie füllen ?
Wie kann ich sie zerstören ?
Löschen.
Leere.
Sie schreit und möchte essen.
Sie bittet um eine Präsenz.
Sie wartet auf Zärtlichkeit.
Man muss sie ernähren um sie daran zu hindern eine
irrende Seele aufzufressen.
Wie ein Geist,
Irrt sie im Leben,
Ohne wirklich da zu sein.

Das Herz der Seele möchte sich anhängen,
Aber gibt jedes Mal auf,
Bleibt das Warten,
Und die Leere.

Krank

Es bohrt sich immer tiefer in die Wunde,
immer mehr tut der Bauch weh.
Wie eine klaffende Wunde,
verschlingt sie alles Innere.
Jemand dreht dieses Messer,
andauernd,
die Wunde brennt.

Schluckauf

Schluckauf, hör auf !
Ich werde dich verzaubern wenn du weiter die Seelen
störst.
Schluckauf, du ärgerst die Leute !
Selbst wenn man weiß, dass du uns zeigst
Dass jemand körperlich an uns denkt,
Schluckauf, du störst uns,
Du störst unsere Seelen,
Schluckauf, Schluckauf, du bist das spukende Gespenst,
Und ich bin wahnsinnig !
Aber das ist nicht schlimm,
Es ist lustig wahnsinnig zu sein,
Und wir haben Spaß !
Und der Schluckauf das ist lustig,
Und ich bin verrückt !

Aber es ist nicht schlimm,
Wir haben Spaß mit meinem Freund dem Schluckauf,
Ich glaube ich habe Fieber.
Er macht mich so verrückt wie du,
Niemals hatte es jemand geschafft seit dir,
Bis zum Schluckauf !

Frühling

Zur Zeit ist mein Leben ein bisschen wie der Frühling,
Selbst wenn ein Element fehlt.
Es passiert viel Neues,
Viele Ereignisse die mich fröhlich machen,
Projekte die mich enthusiastisch stimmen.
Du bist in meinem Herzen geblieben,
Ich in deinem,
Aber du fehlst mir trotzdem.
Ich versuche zu leben,
Ich beginne zu blühen,
Aber es fehlt etwas
Zur vollen Blüte.

Sophie

Du hast so viele guten Eigenschaften in dir,
die ich vorher nicht kannte.
Ich habe gemocht dich zu entdecken,
und vor allem über alles zu sprechen.
Ich sehe, dass selbst wenn du harte Schicksaalschläge
kriegst,
du die Kraft behältst für zumindest ein kleines Lächeln.
Ich ermuntere dich so weiter zu machen,
selbst wenn das Leben nicht immer einfach ist,

vor allem bleib du selber,
und lass dich tragen von denen die dich lieben.

Meine französische Großmutter

Zuerst eine wahre Begegnung,
Wechsel, Lächeln,
Und alles was unsere Zuneigung zeigt,
Uns näher zu kommen war unser Wunsch.
Vom Herzen bin ich deine Enkelin geworden,
Wir teilen schön Erinnerungen,
Sowie unseren Vornamen,
Denn du bist meine liebe Großmutter,
Wir schauen uns mehr an als durch ein Schaufenster,
Und ich erwähnte es, du heißt Joséphine.

Gegen deinen Körper

Es war vielleicht nicht Liebe auf den ersten Blick,
aber diese Momente hatten mich gerührt.
Als ich mich befand
wieder vor dir,
wieder diese Blicke,
und tanzend gegend deinen Körper,
habe ich wieder diesen Schauder gefühlt,
so wie an dem gewissen Abend.

Virtuelle Begegnung

Am Anfang hast du dich als mein Schutzengel
ausgegeben,
war es ein Mittel den Austausch hervorzurufen?
Kann man auf diese Weise Bindungen knüpfen?
Einige behaupten es, doch dies ist anders,
je nach den Personen und Situationen.
Wir haben geredet mit unseren bleibenden Lächeln,
ich habe das Gefühl wir sind auf unmittelbaren
Wellenlängen.
Auf diese Weise begegnen sich viele Menschen
aber oft wirft man diesem Phänomen vor,
nicht wirklich ehrlich zu sein,
aber ist es nicht eh in sich nur ein Erlebnis?
Komisches Phänomen,
virtuelle Austausche.

Frohes Erwarten

Das Warten auf die absolute Wahrheit scheint lang,
Noch so lang,
Es wird jedoch sehr bald enden.
Das Warten darauf schwarz auf weiß zu sehen was ich
wert bin.
Das Warten darauf genau zu wissen was die nahe
Zukunft mir bringt.
Zwei Erwartungen so weit und doch so nah,
Vereint in einem einzigen Schicksal.
Dieses Warten ist jedoch nicht traurig,
Ich möchte alles mit einem positiven Blick sehen,

Und ich weiß heute, dass die Tür zu meiner nächsten
Zukunft wartet,
Sie ist einen Spalt weit geöffnet.
Sie wird ganz aufgehen,
Sobald ihre Existenz geschrieben sein wird.

Braunhaarig

Das erste Mal, ist mir dieser braune Haarschopf,
Bei einer Feier aufgefallen,
Dank meiner Schwester, einer gemeinsamen Freundin,
Als ein Teil von mir gerade am Boden zerstört war.
Mit diesem braunen Haarschopf verbinde ich,
Zwei leuchtende Augen,
Dies ist mir heute zum zweiten Mal aufgefallen,
Ich habe diese Lippen in einem lächelnden Gesicht
gesehen.
Ich habe deinen so charmanten Körper gestreift,
Dieses betörende Parfum gerochen.
Ich setze dieser Seite ein Ende,
Ich war von einem solchen Bild verführt.

Nacht

Jetzt ist es also zwei Uhr morgens,
meine Seele schafft nicht Ruhe zu finden.
Meine Gedanken rutschen wie auf Schlittschuhen,
ich frage mich was getan werden soll.
Ich dachte mich wieder gefunden zu haben,
aber es ist nicht völlig vollbracht.
Verstört.

Muss schreiben,
nachdenken,
ohne zu wissen wo es mich hinführen wird.
Meine Augen wollen nicht schlafen,
was soll in mein Leben kommen?
Ich warte auf etwas,
ich suche ein fast rosanes Leben.
Aber Eines verlässt mich immer noch nicht,
diese bekannte Leere.

Marie

Das Erste was ich zu sagen vermag,
über dich,
ist die Qualität deines Lächelns,
sehr ansteckend.
Du kannst aus einer Situation das Beste machen,
und aus jedem Ereignis etwas Positives ziehen,
du versprühst das Bild eines immer glücklichen
Mädchens,
du gehst voran mit konstruktiven Schritten.
Du scheinst dich mit dem zufrieden zu geben was dir das
Schicksaal gegeben hat,
ohne immer mehr zu wollen.
Authentische und ehrliche Schauspielerin,
Für die Freude hast du ein Gespür.

Elodie

Ich kenne dich noch nicht sehr gut,
Aber ich erhaschte einen Blick auf ein cooles Mädchen.

Ab dem Moment wo es diese Verbindung zwischen uns
gab,
Warst du bereit mich in deiner Familie aufzunehmen.
Du kanntest mich fast nicht,
Dennoch hast du mir herzlich die Arme geöffnet.
Ich danke dir mich aufgenommen zu haben,
Und ich hoffe trotz allem,
Dass du Teil meines Lebens bleibst,
Zumindest eine Zeit lang.

Mein Adler

Mein weißer Adler,
Wie kann ich mich bei dir bedanken?
Ich habe das Gefühl, dass du immer da sein wirst,
Auch wenn es freundschaftlich ist.
Du leidest vielleicht immer noch,
Und glaub mir, ich weiß, dass ich dich verletzt habe,
Ich habe dich sehr leiden lassen,
Danke, dass du immer noch akzeptierst mich Lächeln zu
sehen.
Wirst du mir eines Tages ganz vergeben können,
Dass ich deine Erwartungen nicht erfüllen konnte?
Akzeptierst du, dass ich dir meine Freundschaft geben
kann?
Ich möchte dir helfen, dass es wieder bergauf geht.
Glaub mir eines Tages wirst du die große Liebe finden,
Sie erwartet dich noch irgendwo auf deinem Weg.

Meine Wiedergeburt

Ich glaube wieder ich zu sein,
endlich habe ich mich wiedergefunden.
Ich habe Monate lang gesucht,
ich dachte es wäre zu Ende viele Male.
Ich hoffe es ist nicht nur eine Illusion,
und dass heute diese Mission zu Ende geht.
Ich bin noch nicht sicher für die Zukunft,
aber ich habe das Wichtigste gefunden,
ich habe mich in der Gegenwart gefunden,
nach dieser sehr harten Suche.
Aber was ich nicht verstehe,
ist was aus dir und mir wird,
gleichzeitig zusammen und auseinander,
die Lösung lässt auf sich warten.

Nah

Ein Hauch von Hoffnung,
zeigt sich,
ich erblicke eine große Freude in meinem Leben,
dieses Glück ist nah.

Alles worauf ich seit so langem warte,
ist ein paar Schritte von meiner Tür entfernt,
ich habe so sehr gehofft,
die Erfüllung meiner Träume ist nah.

Ich hoffe dass dieses Mal endlich,
die Illusion wahr werden wird,
denn nach diesem Glück sehnt sich meine Seele,

so nah.

Ungeduldig

Der Moment ist fast gekommen,
dieser so erwartete Moment,
wir haben so darauf gehofft,
um all die verlorene Zeit gut zu machen,
endlich dich in meine Arme nehmen,
nicht mehr hier auf Erden bleiben.
In unsere Träume fliehen,
die Sterne mit den Augen fangen,
jeder seinen Glücksbringer wieder finden,
und endlich zwei sein.
Ungeduldig glücklich zu sein.

Zerstört

Alles ist zerstört,
Ganz vorbei.
Wieder sind meine Träume verflogen,
Wie oft habe ich es gedacht?
Ich dachte so oft, dass man vergessen sollte,
Ich hatte gerade die Hoffnung wieder gefunden,
Aber das Schicksal hat uns nicht verschont,
Wieder das Ende unserer Geschichte.
Ich fühle mich wie in einer Zwickmühle,
Würde gerne noch an uns glauben,
Aber dieser Traum bleibt verschwommen,
Und andererseits,
Sollte ich mein Leben leben,
Obwohl mein Herz dich nicht vergisst.

Suche

Wo bin ich?
Wer bin ich?
Ich dachte mich wieder gefunden zu haben,
aber ein kleines Etwas hat gereicht,
ein paar Bewegungen,
ein paar Worte,
ein paar Gedanken,
eine schmerzvolle Bemerkung,
und wieder hat sich dieser Zweifel in mir ausgebreitet.
Warum habe ich das getan?
Wie wagen die Menschen es?
Ein kleines verlorenes Mädchen zu beurteilen,
in der Wüste ihrer Seele,
im Ozean ihrer Tränen,
durch einen Schicksalschlag verschüttet,
ich hätte gern weiter geträumt.

Unerreichbar

So charmant,
So anziehend,
So nah,
Und doch so unerreichbar.
Verbotener Wert,
Gezwungen zu widerstehen.
Die Versuchung ist so groß,
Der Charme ist unwiderstehlich,
Aber die Annäherung ist jemandem vorbehalten.
Dieser Leckerbissen zieht mich in vielerlei Hinsicht an,

Sein äußerlicher Charme,
So wie die Seele die ich darin erblicke.

Meine Art zu wachsen

In mir klingen all diese Geräusche,
Erinnerungen an einen gefühlsreichen Monat,
reich an Lektionen,
reich an Inspiration.
Obwohl der Momente mit Leiden,
kreiert durch den Ort selbst,
und dessen was mein Leben einkreiste,
und all dessen was in meinen Gedanken war,
habe ich so schöne Sachen erlebt,
ich habe so viel gelernt,
bin vielleicht in meiner Verwandlung
vorangeschritten,
und habe auch wunderbare Leute kennengelernt.

Ich habe gute sowie schlechte Momente erlebt,
das Alles hat mir Vieles gebracht,
auf allen Ebenen hat mich dieses Erlebnis
bereichert,
ich bin daraus wirklich gewachsen.

Neues Leben

Ein ganz neues Leben,
In dem ich heute angekommen bin,
Zeigt sich vor mir,
Neue Schwierigkeiten so wie neue Freunden.
Für meine Seele, eine gute Gelegenheit,

Gelegenheit die Seite umzuschlagen,
Mich von meiner schmerzenden Leidenschaft zu lösen,
Endlich weise werden.
Einen Strich ziehen unter die schlechten Eigenschaften,
Meine und die meines Lebens,
Vielleicht meine Erinnerungen sortieren,
Dieses neue Abenteuer voll zu leben.

Suchend

Diese Angst die Einige haben,
Wenn sie nicht wissen wo sie schlafen werden,
Nie wissen was am nächsten Tag kommt,
Sich in dieser verrückten Welt verloren fühlen,
Hoffen, dass die Probleme ein Ende nehmen werden,
Nicht mehr im Ungewissen leben wollen,
Ich weiß heute was es heißt,
Was diese Menschen tief in sich fühlen,
Es ist mir nicht so oft passiert,
Aber ich erlebe es derzeit,
Diese unaufhörliche Angst in meinem Herz festgesetzt,
Ich muss halten und nicht weinen,
Berührt von der menschlichen Dummheit,
Kein Mitleid, nur Hass.

Bedürfnis

Bedürfnis zu keuchen,
Bedürfnis zu atmen.
Bedürfnis zu wissen woran ich bin,
Mit mir und meinem Leben.
Bedürfnis zu verstehen,

Verstehen warum sich das Schicksaal gegen mich
auftürmt.
Bedürfnis glücklich zu sein,
Einfach,
Bedürfnis mindestens ein Mal,
Keine Sorge mehr haben.
Bedürfnis nach Liebe.
Bedürfnis nach Harmonie.
Bedürfnis aufzuhören so viel nachzudenken,
Dass das Glück nicht mehr erfunden ist.

Lasst mich glücklich sein.

Dieses Lächeln

Dieses unbekannte Lächeln,
Dieses neue Lächeln,
Meine Seele war davon so berührt,
Du hast mir einen so schönen Moment geschenkt.
Dein so rührendes Lächeln,
Dein so charmanter Blick,
Innerhalb von ein paar Minuten bist du gekommen,
Hast meine Schale durchbrochen,
Was sollte ich tun?
Ich war so gerührt,
Du bist in meine Seele gedrungen,
Und hast meine schreckliche Traurigkeit beendet.

Schein eines Glücks

Endlich,
Endlich glaub' ich glücklich werden zu können.

Ich fühlte mich so gut mit dir.
Diese lange Wartezeit,
Pause,
Hat mir viel Einsamkeit beschert,
Viel Leiden.
Aber mein Wille ist dadurch gewachsen,
Wille mich in deine Arme zu stützen,
Wille dich wiederzufinden,
Wie vorher,
Aber auf eine neue Weise.
Vielleicht werden wir dieses Mal glücklich,
Und werden zu zweit bleiben.

Gefahr

Beim vielen Träumen,
Sehe ich die Gefahr wachsen.
Aus Erfahrung weiß ich,
Dass wenn ich zu sehr von diesem Tag träume,
Anstatt davon gerührt zu sein,
Ich enttäuscht herauskommen könnte.
Er könnte weniger werden als erhofft,
Seine Existenz könnte verhindert werden,
Wenn es das Schicksal so beschlossen hat,
Ich hänge noch zwischen Traum und Wahrheit,
Aber ich kann nicht verhindern zu träumen.
Ich habe Angst, dass du deine Meinung änderst,
Oder, dass du noch an uns zweifelst,
Selbst wenn nichts gewonnen ist,
Ein Versuch sollte sich lohnen...

Ganz aus der Fassung gebracht

Jedes Mal wenn ich dich wiedersehe,
Bringst du mich ganz aus der Fassung,
Gestern wieder mal,
Vor all deinen Freunden...
Du verdrehst mir den Kopf,
Alles kommt durcheinander,
Warum bei jeder Feier,
Bringst du mich wieder zum zweifeln?
Ich hoffe sie nehmen es mir nicht übel,
Aber du verwirrst mich,
Es ist so.

Ich will dich lieben

Dich ganz und gar lieben
Ist was mein Herz so sehr will.
Endlich eine wahre Geschichte leben,
Tausende von Hoffnungen schöpfen.
Ich möchte, dass die Hindernisse überwunden werden,
Nur lieben und geliebt werden.
Hör mich.
Hör mein Herz auf dich warten.
Seien wir einfach du und ich,
Wenn du nur diese Entscheidung treffen könntest...
Ich will dich lieben,
Nicht nur halb,
Und nicht versteckt.

Ungewissheit

Schon wieder erlebst du diese unendliche Ungewissheit,
Du weißt nicht mehr was du tun sollst,
Nicht mehr was vom Leben zu erwarten ist,
Du kannst nur träumen und still sein.
Du suchst deinen Weg in der Zukunft,
Du verlierst dich nach und nach immer mehr.
Du schenkst ihm so viele Gefühle,
Er meint dir virtuell welche zurückzugeben,
Aber du erwartest den Moment,
An dem er sie wirklich zeigen wird,
An dem ihr euch nicht mehr verstecken braucht,
An dem eure zwei Hälften gemeinsam sein werden.
Im Moment bleibt die Ungewissheit.

Wirbel

Ein Wirbel von Gedanken,
Die um mich kreisen,
Nicht immer realistisch,
Sie nehmen meine Wege als Geisel.

Der Wirbel meines Daseins,
Der Wirbel meines Geistes,
Der Wirbel meiner Seele,
Ein Wirbel in meinem Herz.

In diesen Wirbeln ist alles,
Da ist nichts,
Da ist alles was in mir ist,
Aber auch meine Hülle,

Wirbel meines Lebens,
Wirbel von mir.

Virtuelle Massage

So eine betörende Massage,
Und so entspannend,
Die sanften Hände fahren über deinen Körper,
Kurz bevor du einschläfst.
Von deinen Zehen,
Bis zu deinem Haarschopf,
Vorbei an der Fußsohle,
Auch an den Knöcheln und Beinen,
Dann der Rücken und der Nacken.
Diese sanfte Massage wird dir als Pflaster geschenkt,
Aber in diesem Geschenk ist auch Sanftheit,
Es tut gut deinem Körper und der Seele,
Du möchtest deinem virtuellen Masseur danken.

Nostalgie

Heute Erinnerungen aus England,
Du hast es geschafft innerhalb von wenigen Tagen,
Mich die Erde vergessen zu lassen,
Um in den Wolken zu schweben.
Eine Nostalgie die sich in mir breit macht,
Erinnerungen mit dir.
Neues Haus, Studium, Führerschein,
Sogar neue Freunde,
Ein ganz neues Leben.
Aber die Vergangenheit hört nicht auf mich zu quälen,
In mir zu leben, mich zu berühren.

Unser Ende habe ich hingenommen,
Aber ich vergesse dich nicht,
ich muss dich wenigstens ein Mal wiedersehen,
Um nicht dieses unvollendete Gefühl zu behalten.
Und selbst wenn ich mich in Richtung Zukunft wenden werde,
Möchte ich dich niemals aus den Augen verlieren.

Meine Prinzessin

Wenn du nur wüsstest meine Süße,
Oh wenn du wüsstest,
Ich brauche dich so sehr,
Viel mehr als du denkst.
Ich möchte auch für dich da sein,
Unsere Leben haben sich nicht umsonst getroffen.
Wir haben uns kennengelernt,
Um einen langen Weg zu teilen,
Um unsere Zukunft zu bauen,
Das Leben Hand in Hand zu durchqueren.

Weiß

Dieses große Weiß vor mir
Ruft mich um es zu füllen.
Aber ich weiß nicht was ich sagen oder schreiben soll,
Es ist nicht das erste Mal.
Seit dieser langen schwarzen Zeit,
Habe ich Mühe die weißen Lücken zu füllen.
Es ist so selbst wenn ich versuche an mich zu glauben,
Mein Gehirn bremst und in mir bleibt dieses Weiß.

Ich möchte sehr das es das Schwarze in meinem Leben
ersetzt,
Aber es stört mich auf meinem Blatt.
Nach einem so ermüdenden Schwarz,
Jetzt dieses schwere Weiß.

Auf der Suche nach einem verlorenen Ich

Ich weiß absolut nicht,
Ob ich die gute Wahl getroffen hatte.
War es am Anfang richtig,
Und wurde nur durcheinander gebracht,
Durch die Probleme meines Lebens,
Dich unaufhörlich sich wiederholt haben?
Oder lag ich völlig falsch?
Habe ich den falschen Weg gewählt?
Ist es möglich alles wieder gut zu machen?
Ist es zu spät meine Wahl zu ändern?
Warum habe ich dort wo ich nicht sein sollte,
Das Gefühl ich zu sein, völlig lebendig,
Und an meinem angeblichen Platz fühle ich mich
verschwinden,
Manchmal zur Pflanze werden ?

Vielleicht

Eine Möglichkeit bietet sich mir heute,
Du bist der erste der mein Herz zum schlagen bringt,
Seitdem ich den verlor den ich liebte,
Der beinah der für lange Jahre gewesen wäre.
Mit dir passiert es mir einige Minuten,
Nicht an ihn zu denken.
Du gibst mir schöne Moment zu erleben,

Ich fühle mich gut in deiner Gegenwart.
Du hast mir eine neue Hoffnung gebracht :
Vielleicht ist das Leben nicht immer traurig,
Vielleicht kann ich eines Tages wieder lieben,
Vielleicht bin ich bereit für ein neues Abenteuer.

A wie "Amour"

Mein Prinz, der den ich vor über einem Jahr
kennengelernt habe,
Endlich finde ich dich wieder, und ich hoffe es ist für
lange Zeit.
Dein Vorname fängt für mich mit dem Buchstaben A wie
"Amour" an,
Deine Begegnung war einer meiner schönsten Tage.

Diese Liebe die ich dir so sehr geben will,
Die ich mit dir teilen möchte, für sehr lange Zeit.
Lieben diesen wundervollen Mann, sanft und
liebenswert wie du bist,
mich endlich wirklich lebendig fühlen, von dir geliebt.

Ich möchte an dich glauben, an uns glauben,
aus diesem schönen Traum unsere Realität machen,
auch wenn es verrückt klingt,
mich endlich glücklich an deiner Seite fühlen.

Mich sicher fühlen in deinen Armen,
dir näher kommen von Tag zu Tag,
dich glücklich machen, und da sein wenn du mich
brauchst,
Aus dir den glücklichsten Mann machen, für immer.

Mit dir alles erleben was es Schönstes gibt,
Teilen von Momenten voller intensiven Gefühle,
gemeinsam die Wunder der Welt entdecken,
selber unser eigenes Glück schaffen.

Mit dir Tausendende von Sonnenuntergängen erleben,
wohl wissend, dass ein gemeinsames Aufwachen uns am
Ende des Schlafes erwartet,
unaufhörlich wunderschöne Tage mit dir,
die wir gemeinsam in viele Jahre verwandeln.

Viele Lebensprojekte zusammen haben,
nicht mehr lange uns trennen wollen,
zu zweit bleiben, egal was passiert, selbst wenn die Erde
bebt,
wundervolle Ereignisse zum feiern erstellen.

Ich brauche dich, ich möchte dich

Ich brauch dich so sehr mein Lieber,
möchte immer mit dir sein.
Brauche mit dir zu reden, dir zuzuhören,
möchte, dass du mich nie loslassen magst.
Brauche mich in deinen Armen sicher zu fühlen,
möchte mich mit dir vereinigen.
Brauche, dass du plus ich wir wird,
möchte immer und überall mit dir sein,
brauche an deiner Seite glücklich zu werden,
Möchte alle Tage mit dir meine Zukunft bauen.

Lieber, lass mich nicht gehen

Das Leben an deiner Seite ist so schön,
Ich hätte gewollt du würdest mir sagen nicht zu gehen,
zwei Tage bei dir und ich hoffe mein Leben wird so sein,
mit dir bringt mich das Glück immer zum Lächeln.
Als mein Zug fern von dir war,
musste ich weinen.
Ja, du fehltest mir schon,
ich kann nicht ohne dich sein.
Ich hoffe wir sehen uns sehr bald wieder,
denn du überschwemmst mein Leben mit Wellen von
Glück.
Ich liebe dich und ich werde dich lieben.

Zweifel

Was tun ?
Kämpfen oder schweigen ?
Was entscheiden?
Durchziehen oder aufgeben?
Einen anderen Weg wählen oder beharren?
Auf Lösungen warten oder sie schaffen?
Was ich tief in mir begonnen habe,
Droht zum ersten Mal,
Einen großen Misserfolg zu erleben,
Träume verfliegen im Wind.
Wie soll ich sie retten?
Ich muss mit allen Kräften kämpfen.

Das Leben ist zerbrechlich

Unser Leben erscheint uns so gefestigt,
Aber es ist so zerbrechlich,
Es hängt nur an einem seidenen Faden,
Sein Ende lässt bei unseren Liebsten einen leeren Platz.

Das Leben ist so endlich,
Man sollte die schönen Momente genießen,
Unsere Lungen mit Luft füllen,
Mit unseren Liebsten leben und diese lieben.

Liebe um uns herum schenken,
All diese Jahre mit Glück füllen,
Denn man lebt nur einmal,
Lasst uns leben bevor wir verwelken.
Ich möchte deins mit Freude füllen,
Und die traurige Leere in dir füllen.

Da für dich

Mein Lieber,
Heute, da du mich brauchst,
Möchte ich dir sagen, dass ich für dich da sein werde,
Für immer.

Was immer in unseren Leben passiert,
Werde ich dich nicht alleine lassen,
In allen Fällen werde ich für dich da sein,
Dasein um dir zuzuhören und dich zu unterstützen.

In guten wie in schlechten Zeiten,
Werde ich jederzeit an deiner Seite sein,

Die Unwägbarkeiten des Lebens werde ich mit dir überwinden,
Ich werde für dich da sein.

Die Natur zeigt die Menschen

Jeden Frühling wieder,
Ist ein Garten ein großes Glück.
Er ändert sich jedes Jahr und überrascht uns oft,
Was er uns zeigt ist im Auge sehr schön.

Jedes Jahr zeigt er uns sein wunderbares Geheimnis,
Sanfte, saure, stechende, bittere und süße Pflanzen,
Alle Unterschiede des Lebens und seine Nuancen,
Voller intensiver Emotionen.

Man könnte darauf wetten,
Aber ich wusste im Voraus es würde keine Enttäuschung geben.
Die Pflanzen zeigen uns ihr wunderschönes Leben,
Alle sind verschieden, alle speziell.

Es gibt die Natur seit langem, einer Ewigkeit,
Was die Erfindung angeht, ist der Mensch nicht ihr Erfinder,
Aber sie hat uns erfunden,
Und jeden Tag weint sie über unsere Dummheit.

Wir haben Spass daran uns den Zirkus der Natur anzuschauen,
Aber die Menschheit ist ein noch verrückterer Zirkus geworden,
Was kann man sich für die Zukunft erhoffen?

Vielleicht das alles zu harmonisieren…

Nur eine schöne Mischung aus Beiden,
Wo sie in Harmonie und Frieden wären,
Wo Falschheit sich in Wahres verwandeln würde,
Wo die ehrlichsten Wünsche in Erfüllung gehen würden.

Das Ereignis

Dieses Ereignis was ich so erwartet habe,
Ist jahrelang nicht gekommen.
Meine Seele brauchte dich,
Mein Herz konnte nicht loslassen,
Ohne ein letztes Mal,
Dich in meine Arme zu nehmen.
Dieser Moment hat in mir Erinnerungen aufgewühlt,
Aber ich habe aufgehört daran zu leiden.
Du wirst immer bleiben,
Der Erste den ich geliebt habe.
Du wirst in meinem Leben bleiben, was auch immer
geschieht.
Aber ich möchte, dass du in Deinem glücklich bist.

Durchtrennter Lebensfaden

Du hast so viele Jahre gelitten,
Vielleicht hast du nicht alles verstanden,
Ohne dein Wissen veränderte sich dein Körper,
Heute sind deine Leiden zu Ende.
Du hast uns endgültig verlassen,
Ich wünsche dir in Frieden zu ruhen.
Obwohl dein Faden nun durchtrennt ist,

Wirst du immer in unseren Herzen bleiben.
Wir denken immer wieder an deine Heiterkeit,
Selbst alleine hattest du keine Angst,
Danke,
Gute Nacht.

Ende einer Vergangenheit

Es war der Ort für einen Teil von uns,
Ort der Kindheit für Einige,
Ort des Lebens für Andere,
Ort meiner ersten Schritte,
Ort der Zusammenkünfte,
Ort der großen Ereignisse.
Das Familienhaus.
Der Familiengarten.
Es gab an diesem Ort,
Engagement und Freunde.
Einige Erinnerungen sind mit ihr gegangen,
Andere bleiben in uns erhalten.
Aber unser Ort wird nicht mehr unser sein.

Unvergessliche Momente

Diese zwei Wochen mit euch,
Sehr reiche Wochen.
Danke für die Momente mit Späßen,
Danke für die stundenlangen Gespräche,
Danke für euer Vertrauen,
Danke für das was ihr mir gegeben habt.
Ich habe wieder so viel gelernt,
Sachen über die Welt entdeckt,

Wunderbare Personen entdeckt,
Einen Teil von mir entdeckt.
Nie werden sie verwehen wie der Sand,
Die Erinnerungen an diese unvergesslichen Momente.

Entfernung

Ich habe Angst,
Angst wenn du weit von mir entfernt bist,
Angst, dass wir uns immer weiter voneinander entfernen.
Ich wünsche mir so sehr, dass du für mich kämpfst,
Zu fühlen, dass ich wichtig für dich bin,
Zu fühlen, dass du mir die Sterne vom Himmel holst,
Zu sehen, dass du die Initiative ergreifst.
In diesem Moment habe ich Angst,
Angst um uns,
Dass unsere Verbindung die Entfernung nicht überwinden kann.
Ich wünschte so sehr,
dass du mir zeigst ich liege falsch.

Graue Stimmung

Heute ist der Himmel grau,
Wolkig,
Durcheinander,
Mein Geist schwimmt darin,
Ein bisschen verloren.
Mein Gehirn wirbelt,
Verlangen nachzudenken,

Mich zu hinterfragen,
Meine Entscheidungen,
Meine Taten,
Meine Gedanke.
Eine Wahl treffen,
Und um sie zum Ausdruck zu bringen,
Meine Wörter finden...

Versteh mich

Drei schöne Wochen an deiner Seite,
Vorwürfe ?
Nein.
Beachtung,
Zärtlichkeit,
Freundlichkeit...
jemand Gutes,
und ich flehe dich an bleib all dies,
lass dich nicht von mir verstören.

Einzig bei mir stimmte etwas nicht,
ich bin nicht bereit diese Beziehung aufzubauen,
sie mit dir weiter aufzubauen.
Mein kleines Herz hält mich davon ab.
Ich muss mich erst selbst erfinden,
mein Leben leben ohne an irgendjemanden zu denken,
mich für meine Überzeugungen engagieren,
meine Meinungen vor den Augen der Welt verteidigen,
und ein Stück vom Weg für mich entdecken.
Danke für dein Verständnis.

Max

Wunderbare Freundschaft,
Du der so viel in meinen Augen zählt.
Danke, dass du mir zuhörst so wie du es tust.
Danke, dass du mich verstehst so wie du es tust.
Danke, dass du so mit mir redest wie du es tust.
Danke für all diese Momente.
Und so viele Dinge mehr,
Für die ich dir danken möchte,
um es zusammenzufassen,
sage ich dire danke,
dass du du bist.

Märchenhafte Stimmung

Ein Abend,
Erfüllt von Frische,
ein heißes Bad,
träumend von ihm,
sanfte Musik,
meine Seele beruhigend,
schimmernde Kerzen,
Symbole unseres Lichts,
Das der Engel...
Lediglich meine magische Welt.
Märchenhaft.

Du

Du,
Ein Mann mit vielen Qualitäten.
Du bist selbstverständlich eine wandelnde Heizung,
Aber es ist weit davon entfernt das Wichtigste zu sein.
Du überlegst viel mehr als die meisten Anderen,
was manchmal stört,
aber letztlich gar nicht so übel ist.
Andere haben für dich Vorrang,
Du sorgst dich um deine Nächsten,
Deren körperliches und geistiges Wohlbefinden,
Egoismus ist ein Fremdwort für dich.
Das Glück der Anderen vor Deinem,
Das Wohlergehen der anderen vor Deinem,
Die Freude der Anderen vor Deiner.
Du gibst mir das Gefühl einzigartig zu sein.
Du verstehst mich,
Und du verstehst sogar meine schrägsten Gedanken.
Du bist jemand einzigartiges.
Dank alldem,
Fühle ich mich in deiner Gegenwart wie eine Prinzessin.
Du bringst Wärme in meine kalten Tage.
Danke, dass du mich all dies erleben lässt.

Zeit

Ich liebe die Zeit,
Stunden redend mit dir zu verbringen,
Ich liebe die Zeit,
Stunden kuschelnd mit dir zu verbringen,
Ich liebe die Zeit,

wenn wir die Decke nicht verlassen können,
Ich liebe die Zeit,
wenn du mich nicht mehr loslassen kannst,
Ich liebe die Zeit,
dich zu beruhigen und dich in den Schlaf zu wiegen,
Ich liebe die Zeit,
die ich mit dir verbringe.

Einfach nur

Ich will, dass die Zeit anhält,
Dass dieses Leben weitergeht,
Denn...
... ich fühle mich einfach gut mit dir,
... du hilfst mir Hindernisse zu überwinden,
... an deiner Seite scheint alles erreichbar,
... deine Arme werden lebenswichtig,
... ich möchte hoffen,
... ich hoffe zu erbauen,
... ich liebe dich.

Die Abhängigkeit

Es ist einfach unglaublich,
Die Wirkung die du auf mich hast.
Was mit dir passiert,
Ist fast undefinierbar.

Du erzeugst in meinem Herzen,
In meiner Seele, in meinem Körper,
Nicht nur ein Schimmer,
Von Abhängigkeit noch und nöcher.

Bedürfnis in deinen Armen zu sein,
Wille, dass du nicht fortgehst,
Bedürfnis deine Stimme zu hören,
Einfach abhängig von dir.

Wo immer du bist,
Ich brauche dich.

Das Leben einer Prinzessin

Ich glaube es ist dies,
dieses Leben einer Prinzessin,
in dem man sich geliebt fühlt,
in dem man jeden Tag überrascht wird,
in dem man umsorgt wird,
mit so viel Sanftheit,
mit so viel Zärtlichkeit,
mit so viel Aufmerksamkeit.

Es ist ein Prinzessinnenleben,
Wenn es mit dir ist,
Wenn es in deinen Armen ist,
Wenn es vergoldet wird,
Mit diesen Aufmersamkeiten,
Mit diesen Lichtstrahlen,
Durch dich allein,
Denn in dir, ist der Prinz erwacht.

Blauäugigkeit

Immer zu blauäugig sein,
Zu denken, dass die Menschen sich ändern können,

Im guten Sinne.
Meine Mühen sind vergebens,
Ich dachte alles würde sich zum Guten wenden,
Dass Makel verschwinden können,
Aber die Menschen bleiben wie sie sind,
Ein Heuchler wird immer ein Heuchler bleiben,
Und ein Feigling wird ein Feigling bleiben.
Aber ich werde ich bleiben,
Auch morgen noch,
Werde ich an die Gutherzigkeit glauben.

Projekte

Lust mit dir zu flanieren,
Lust alles zu erkunden,
Die Natur,
Das Leben,
Die Landschaften,
All dies mit dir.
Auch dir zu entdecken geben,
Mein Leben,
Meine Kultur,
Mein Universum,
Unsere Herkünfte.
Auch, dass du mir zeigst,
So viele Dinge...
Einfach mit dir zu sein.

Lasse meiner Hoffnung eine Chance

Zweifel nicht so oft am Leben,
Lass dich führen von der Hoffnung die uns vereint,

Träume mit mir zu jeder Stunde,
Genieße all diese Glücksmoment.
Wille, dass du mich dich lieben lässt,
Und, dass du Alles für eine lange Zeit teilen willst.

Nicht ohne dich

Mein Herz ist erneut geschmolzen,
In dich bin ich ganz vernarrt,
Ich brauche dich.
Ich fühle mich einsam,
Wenn du weit von mir bist.
Ich weiß nicht was sie wollen.
All diese Menschen die mich ansprechen Tag und Nacht,
Diese Menschen die ich nach und nach treffe,
So viele schöne Dinge die vage sind in der Zukunft,
Aber eines ist in meinem Kopf klar definiert.
Ich will so vieles werden,
So vieles tun,
Aber diese Zukunft,
Nicht ohne dich.

Berlin

Berlin, in meinen Augen diese schöne Stadt,
Man sieht dort so viele wunderbare Sachen,
Jeden Tag ziehen mindestens ein paar Dutzend an
unseren Augen vorbei,
Und von Zeit zu Zeit bietet sie uns Plätze zum Verweilen
an.
Also geht man in ein kleines Café,
Isst dort ein riesiges Stück Kuchen,

Wenn die Kellnerin wie eine Fee vorbei kommt,
Mit vielen Köstlichkeiten auf ihrem Tablett.
Danach träumt man von den schönen Sachen die man
gesehen hat,
Und man ist von all dieser reichen Geschichte gerührt.
Diese Stadt, dahin komme ich gerne ein Mal im Jahr
wieder,
Um mich einen Moment zu erinnern,
In meine Vergangenheit zurück zu reisen,
Und vor allem um neue Energie zu tanken.

Mein Stern

Vor gerade einmal zehn Monaten,
Bist du in mein durcheinander gebrachtes Leben
getreten,
Du hast in mir alles auf den Kopf gestellt,
Du hast mir wieder Vertrauen gegeben.
Ein Stern ist an meinem Horizont aufgegangen,
Dieser Stern leuchtet in meinen Augen,
Und dies in vielen Facetten,
Und an vielen Orten.
Mein Stern leuchtet wenn ich mit dir bin,
Wenn ich deine Stimme höre,
Auch wenn du mir deine Gedanken offenbarst,
Du bist mein Stern für die Ewigkeit.

Mein Schmetterling

Während eines Spaziergangs an einem sonnigen Tag,
Glaubte ich eine erwachten Traum zu erleben.

Ein Schmetterling hat sich ohne Skrupel auf meinen Arm gesetzt,
Ich glaubte er wäre eine Reinkarnation von dir.
Du bliebst nahe und verließest mich nicht,
Du flogst nur weg um besser zurück zu kommen,
Und der Schmetterling sagte leise zur Libelle,
Dass sie sich wieder finden würden für eine lange Zukunft.

Stadtrunde

Schläfrigkeit.
So lange Tage ohne dich.
Ich durchquere meine Stadt,
Die Müdigkeit in meinem Körper.
Durch eine dünne Nebelschicht,
Sehe ich alle Monumente von Berlin.
Eine reelle aber so seltsame Stadtrunde,
Was fehlt?
Um klarer durchzusehen,
Fehlst nur du,
Derjenige der mir die Welt erklärt,
Der dem ich diesen Teil von mir zeigen will,
Derjenige der meiner Stadtrunde Leben schenken wird.

Berge

Berge umschließen ein neues Leben,
Eine neue Stadt.

Stadt die ich heute entdecke,
Wo sich ab jetzt ein Teil meines Lebens abspielen wird.

Lust zu lernen riesige Berge zu bewegen,
Die mich umgebenden geben mir Durst nach Wissen,
Machen mich begierig meine Fähigkeiten zu entwickeln,
Meine Träume nehmen hier Gestalt an.

Stadt, die tagsüber mit allen Arten von Lärm
umherwirbelt,
Mit magischem Leuchten in der schimmernden Nacht,
Füllt mein Herz mit Herzlichkeit und Liebe,
In mir ein sanfter Gedanke an den der all meine Ängste
verfliegen lassen hat.

Stadt die mir die Türen zur Zukunft öffnet,
Derjenige, der für mich bestimmt ist und mein Leben
begleiten wird,
Ohne Zweifel bist du Teil davon,
Es liegt an mir, zu nutzen was kommt, um zu bauen.
Komm mir helfen mich in meinem neuen Leben zu
entwickeln,
Die Stadt entdecken wo die Elemente und Gefühle sich
mischen.

Stadt die mir hilft weiter zu träumen,
Zwischen meinen mächtigen Bergen.

Das Flüchtige

Unser Leben sollte geschützt werden,
es hängt nur an einem langen dünnen Faden.
Manchmal reicht eine Sekunde des Schicksals,
ein Winter und ein Unglück,
um in einem kurzen Moment das Leben zu beenden,

deshalb wollen wir es schützen und unser Glück
schätzen wissen.

Was passiert
mit denen die von der Gesellschaft ausgeschlossen sind?
Eine so unverständliche Tat,
und doch eine persönliche Entscheidung die respektiert
werden muss...
ein weiteres Mal bin ich von dieser Verzweiflung
gerührt.

So unendlich und doch so flüchtig : das Leben.

Zehn Jahre

Wenn man eine Bilanz der letzten zehn Jahre machen
müsste,
gab es große Enttäuschungen aber vor allem
Fortschritte.
Du warst die kleine Biene angekommen in einer neuen
Welt,
Du glaubtest sie zu kennen aber sie war doch ganz
anders,
am Anfang war es nicht einfach deinen Platz unter
diesen Leuten zu finden,
einige Tage sah ich dich sehr unglücklich.
Ich war ein kleines schüchternes Mädchen,
voller Träume und Hoffnungen,
aber es passierte einige Abende,
dass von deinen Schwierigkeiten meine Augen feucht
wurden.
Gemeinsam haben wir hart gekämpft,
und einige unserer Träume konnten in Erfüllung gehen.

Du hast dir in diesem neuen Universum deinen Platz
erkämpft,
und heute bin ich stolz wenn ich an dich denke.
Stolz auf das, was du erreicht hast
und glücklich über alles was ich heut erlebe.
Frau geworden, bereite ich meine Zukunft vor,
einige Zweifel bleiben in mir vorhanden,
aber ich habe jetzt Vertrauen und habe diese Kraft von
dir,
ich weiß, was auch immer aus mir wird, es wird mir
gelingen.
Wir haben Beide im Leben noch so viel zu erreichen,
und eines Tages werden wir froh sein so viel geschafft zu
haben.
All das, Mama, wäre ohne unsere Verbundenheit nicht
möglich gewesen,
aber auch einige unserer Bekanntschaften.
Das Wichtige ist nicht von allen geliebt zu werden,
aber von denen an die wir glauben und die an uns
glauben.

Erwachsen werden

Erwachsen werden ist sich erinnern,
Und es ist Lernen.
Verstehen, dass nichts sicher ist,
Dass unsere Eigenschaften uns helfen werden unsere
Träume zu verwirklichen,
Ob der Steine die uns in den Weg gelegt werden,
Und mit dem Willen zu kämpfen.
Verstehen, dass diejenigen die uns eines Tages
Unmögliches versprochen haben,

Vielleicht nicht realistisch waren,
Aber, dass sie es vielleicht selbst glaubten,
Nur eine Verkettung des Lebens ihre Pläne geändert hat.
Erwachsen werden ist vor Allem schätzen zu lernen,
Schätzen die schönen Überraschungen,
Schätzen wozu wir fähig sind,
Und den Wert von allem sehen was das Leben schenkt.
Es ist auch Vorankommen und sich auf neue Abenteuer
vorzubereiten,
Erwachsen werden ist vorwärts gehen.

Verrückte Hoffnungen

Selten sind die Tage
an denen ich mir nicht sage, dass die Welt verrückt ist,
Verrücktheit der menschlichen Taten
Verrücktheit der Erlebnisse
Verrücktheit gefüllt von Hoffnungen…
Aber ist es verrückt zu hoffen?
Ich möchte glaube dass sie braver sein werden,
dass sie sich mehr um ihren Planeten kümmern,
dass sie lernen werden solidarisch zu sein,
oder einfach zu denken.
Vielleicht habe ich zu viel Vertrauen in meine
Hoffnungen,
aber ist es nicht diese Verrücktheit die uns erlaubt
weiter zu machen,
und individuell für eine bessere Welt zu handeln?
Es sind die Konsequenzen unserer Taten
die wir den nächsten Generationen vererben,
Wunsch an die Fähigkeiten des WIR zu glauben,
verrückte Hoffnungen.

Die Freiheit die ich will

Was hilft mir von Freiheit zu träumen,
wenn ich in dieser Freiheit allein bin?
Ist es Flucht?
Ist es Egoismus?
Ich habe das Gefühl, dass mein Herz sich verschlossen
hat,
und dass niemand gut genug sein wird um hinein zu
dringen.
Wille zu reisen, so viele Sachen zu erleben,
aber all das stelle ich mir allein vor.
Ist das wirklich die Freiheit die ich will?
Vielleicht ist dies ein obligatorischer Teil eines Lebens.
Eines Tages werde ich meine Träume teilen,
aber heute möchte ich sie allein erleben.

Wie eine Selbstverständlichkeit

Bisher fremd,
Ein Treffen, ein Blick,
und wenige Worte später,
enthüllt.
Wie eine Selbstverständlichkeit,
wir haben uns vertraut.
Als ob wir uns seit langem kannten
haben wir uns einander geöffnet
jedes Wiedersehen ist unseres
aber auch der Wille sich mit Samthandschuhen
anzufassen.
Nervös mehr denn je,

man sagt mein Lächeln wäre neu,
mit neuen Flügeln wiege ich meine Wörter ab,
wie eine Offensichtlichkeit will ich dich an meiner Seite
behalten.
Diese Leidenschaft in dir lässt mich träumen,
und ich möchte dir helfen sie zu behalten.
wie eine Offensichtlichkeit die Träume teilen,
und einfach von einer Fortsetzung zu zweit träumen,
denn zu zweit ist alles mehr als doppelt so viel,
wie eine Offensichtlichkeit, ist alles wunderschön zu
erleben.
Heute erheben sich meine Flügel,
wie eine Offensichtlichkeit, sind in mir neue Hoffnungen
geboren.

Unentschlossenheit

Wahlen zu treffen
Unentschlossenheit über den Platz in dieser Welt
wo ich mich in diesen Jahren hinbegeben möchte,
die Gedanken fluten mein Gehirn.
Unentschlossenheit über das was ich machen will,
ein Thema aussuchen auf das ich stolz sein werde,
das was mich jahrelang interessieren wird,
und bei dem mir niemals langweilig werden wird.
Unentschlossenheit über meine Lebensentscheidungen,
soll der Wille entscheiden ?

Die Blütenblätter erinnern sich

Die Rosenblätter vom Winde zerstreut
sehen mich schweigend an.

Wenn ich sie ansehe, dringen Erinnerungen in mich
ein...
Ein Lachen,
eine Emotion,
ein verliebtes Herz,
ein Lächeln.
Sie erinnern sich an ihr Erlebtes,
an einem stillstehenden Ort liegend,
oder von Hand zu Hand gehend,
die Blütenblätter erinnern sich,
und sie denken an diejenigen,
die andere Abenteuer erleben werden,
diejenigen die
die Natur mit neuen Erinnerungen füllen können.

Bedauern

Man sagt immer,
und es ist auch seit langem mein Motto,
dass man das Leben jeden Tag genießen soll,
jede Minute, jeden Moment.

Man soll es nie bedauern,
immer vorwärts gehen.

Das Leben hängt nur an einem seidenen Faden und
einem Schimmern,
es liegt an uns es so angenehm wie möglich zu gestalten,
um sich sagen zu können, dass man aus ihm das Beste
gemacht hat,
schön machen was mühsam hätte sein können.

Man soll es nie bedauern,
immer vorwärts gehen.

Aber ich hatte nicht an eine solche Sache gedacht,
heute erscheint mir diese Unwissenheit töricht und ich
verstehe endlich,
dass wir auch daran denken sollten schön zu machen
das Leben unserer Lieben, denn auch ihr Leben hängt
nur an diesem seidenen Faden.

Man soll es nie bedauern,
immer vorwärts gehen.

Noch vor einigen Monaten gabst du mir deine
Einsamkeit zu verstehen,
wir hatten geplant uns zu treffen aber ich habe mir die
Zeit nicht genommen,
ich hätte schöne Momente mit dir verbringen können,
aber immer zu beschäftigt,
es ist zu spät, denn du hast uns verlassen, ich bedaure es
so sehr.

Heute fühle ich also Bedauern,
und mit dem was ich gelernt habe, schreite ich ab heute
voran.

Die Stimmen der Stille

Ihr Schweigen spricht Bände
In dieser Prozession ohne Worte.
In ihrem Gedenken,
Alle fragen sich warum sie?
In den Fluren hört man:

Es hätte jeder von uns sein können.
Diese tausenden Radfahrer, die jeden Tag
dieselbe Allee langfahren,
Haben sich um dieses Ereignis versammelt.
So kämpfen sie um zu vermeiden, dass es sich wieder
ereignet.
Braucht es tragische Ereignisse
Um die Menschen dazu zu bringen für eine gemeinsame
Sache zu kämpfen?
So habe ich die Stimmen der Solidarität gehört.

Tiefe Entschlossenheit

Das erste, was mir in Erinnerung an unsere Vermissten
in den Sinn kommt,
Ist, dass ich das Leben in vollen Zügen genießen will,
In Erinnerung an ihre Wünsche und Geflüster
Um niemals bereuen zu müssen was es nicht gegeben
hat.

Um die wenigen bitteren Details aus unserer Existenz
auszulöschen
Die Zeit mit unseren Liebsten schätzen
Genießen, was die Natur zu bieten hat
Denn sie hat noch einiges was uns erblassen lässt.

Jeden Tag eine Kleinigkeit tun um zu helfen
Und vor Allem,
Vor Allem aber,
Nicht vergessen zu hoffen:
Selbst wenn man von einer Krise spricht
Sich sagen, dass das Beste noch kommen wird.

Das Beste wird noch kommen

In einer Welt die ich im Wandel sehe,
beginnt eine neue Ära meines Lebens, und sie sieht die
Zeit vergehen.

Ich dachte nicht, dass ich die Welt eines Tages durch
diese Augen sehen würde.
Ich sage mir, dass ein Umbruch naht oder schon im
Gange ist,
auf eine andere Weise als erwartet, nicht schlimmer,
nicht besser,
was meine Augen heute sehen macht mir Angst.

Begleitet von einer Furcht die mir ins Ohr flüstert,
und von viel Spannung,
bin ich in diesen Zug in Richtung Zukunft gestiegen,
zum Bekannten und Unbekannten, zu meiner eigenen
Erkundung.

Ich wage zu hoffen, dass wir in einer unaufhaltsamen
Evolution
die Wiedergeburt einiger menschlicher Werte erleben
werden,
dass wir erneut lernen solidarisch zu sein,
zusammenzuhalten,
gemeinsam bauen was wir versucht haben zu zerstören.

Heute gehe ich mit dieser leichten Besorgnis voran,
ich versuche das Beste zu machen: für mich und um
mich
trotz meiner Ängste sage ich mir, dass all meine
Bemühungen belohnt werden,

und für mich so wie für die Welt,
selbst wenn es scheint, dass eine schwierige Phase
durchlebt werden muss,
das Beste wird noch kommen.

Here inspired by "The best
is yet to come"
Scorpions

Inhaltsverzeichnis

Herstellung und Verlag:
BoD – Books on Demand, Norderstedt
ISBN: 978-3-7504-3391-5